Erzgebirgischer Schwibbogen

Schwibbogen stammt aus Bergwerksjahren,
schloss oben einst das Stollentor.
Das Brauchtum wollen wir bewahren
und stellen uns Vergangnes vor.

Bergleute mussten Schweres leisten
bei ihrer lebenslangen Schicht.
Im Dunkel wirkten sie am meisten,
drum liebten sie das helle Licht.

Ihr Leben kannte kaum ein Rasten,
nur kurzes Feierabendruh'n.
Sie mussten unter harten Lasten
das Nötige und Nächste tun.

Dem Weihnachtskerzenglanz gewogen,
am Abendtisch, nach Müh' und Schweiß,
da bastelten sie Lichterbogen,
gesägt, gestanzt, ein halber Kreis.

Von Arbeit künden die Gestalten,
Bergmänner, Schnitzer, Klöpplerin.
Dass sie ihr Meißner Wappen halten,
bedeutet Stolz und Heimatsinn.

Schwibbogen zeigt die Abendstunde
mit Leuchter, Engel, Schnitzfigur,
gibt von dem Weihnachtseifer Kunde,
von erzgebirgischer Frohnatur.

Noch heut an vielen Fenstern stehen
die Lichterbogen, wenn es schneit,
und sind im ganzen Land zu sehen
als Zeichen für die Weihnachtszeit.

Wolfram Böhme

Das kleine Buch vom Schwibbogen

benno

Vorweihnachtszeit

Die letzten Blumen blühn noch im Garten,
bevor der Schnee leis auf sie fällt,
der sie weiß bedeckt und um zu warten,
wie Weihnacht verändert die ganze Welt.

Noch jagt der eisige Wind über Felder,
um den ersten Schnee zu vertreiben.
Bald legt sich jedoch auf Wiesen und Wälder
der prächtige Schnee, um zu bleiben.

Schon schneit es, um die Welt zu umhüllen,
die unsägliche Hast zu bezwingen
und um die weihnachtliche Ruh zu erfüllen,
damit Fried' und Freude gelingen.

Die Tiere, die Menschen, sie kommen zur Ruh,
vermindern das Rasten und Regen,
denn nun geht es sehr auf Weihnachten zu:
Eine Zeit voller Frohsinn und Segen.

Die Fenster werden mit Lichtern bestückt
von Engel und Bergmann, den beiden.
Der Schwibbogen wird noch etwas verrückt,
man sieht ihn von allen Seiten.

Bald ist es Nacht, Dacheiszapfen hängen,
der Schnee liegt schwer und verstärkt das Licht.
Doch neben leisen Windgesängen
klingt ein Weihnachtslied, welches die Stille bricht.

Götz Methfessel

Tägliches Fensteröffnen 10Uhr
ACHTUNG!

Lichterbogen

Lichterbogen, wenn es dunkelt,
leuchten abends im Advent,
wie ein Halbkreis strahlt und funkelt,
wie ein Gruß vom Firmament,

so beleben sie Gebäude,
in den Dörfern manches Haus,
und die erste Weihnachtsfreude
geht von ihren Lämpchen aus.

Bogen, meist aus Holz geschnitten,
stellen Weihnachtsbilder dar.
Was wir hoffen, was wir bitten,
wird uns hier im Schauen klar.

Heil und Segen, Licht und Leben
spüren wir im halben Rund.
Hoffnung wird uns neu gegeben.
Bogen redet wie ein Mund.

Göttliches wird da gewonnen,
wo wir mehr als Dinge sehn,
und wir haben uns besonnen,
und ein Wunder kann geschehn.

Endlich schauen wir viel weiter.
Weihnachtsjubel ist erwacht.
Lichterbogen sind Begleiter
auch durch sternenlose Nacht.

Um die Fenster hell zu schmücken,
haben wir sie aufgestellt.
Lichterbogen sind wie Brücken
hoch vom Himmel in die Welt.

Wolfram Böhme

Lichterbugn

De Lichterbugn zer Weihnachtszeit
in jedn Fanster stieh.
Die alle leichtn weit un breit.
Do guckt mer gar ze garne hi.

Se sei doch wie a Brücknbugn
hinauf ins Himmelszelt.
De Harzn warn do naufgezugn,
wu Gott de Türen offnhält.

De Lichterbugn in jedn Haus
verkündn Fräd un Ruh.
Se leichtn in de Nacht hinaus.
Do passt dr weiße Schnee derzu.

Zen Weihnachtsbarg werd jeder Ort
in kalter Winternacht,
denn Lichterbugn gabn hier un dort
dan klaanen Haisln Glanz un Pracht.

De Vorhäng' bleibn do aufgezugn.
Weng ächn sei mer schu.
Drüm zeign bei uns de Lichterbugn,
wie mir de Christnacht feiern tu.

Un net när die, bis Huhneigahr
sei Lichterbugn 'ne Zier.
Se stelln dan Glanz üms Krippel dar,
dann denk mer, Bethlehem is hier.

Mir salwer warn do ah esu,
dan vielen klaanen Lichtern gleich,
miet häßn Harzn, hall un fruh,
wie Starnln ubn an Himmelreich.

Wolfram Böhme

Mei Schwibbugn

E Bargmah hübn, e Engel drübn,
die trogn ne, jeds mit fester Hand.
Su hot er wie e Brückenbugn
sen sichern Stand.

Er nimmt sich wie e Stirnraaf aus
un krönt esu de Weihnachtsnacht
mit stolzer Fraad. Dos quillt när su
von Lichterpracht.

Der Schwibbugn waß, wos Weihnacht maant.
Sei Glanz is wie e Weihnachtslied.
Dos singt, dos klingt un singt, dos red't,
wos mer do sieht!

Karl Hans Pollmer

Der Schwibbugn

Ne Klippelmad, e Schnitzersma,
zwee Bargleit aus'n Haamitland,
aus Holz gesaagt un bunt bemolt
sei von enn Schwibbugn überspannt.

Un draußen über Barg un Tol,
do sei de Sternle aufgezugn,
do spannt sich übern Arzgebirg
der gruße, weite Himmelsbugn.

Vull lauter guter Wünsch vun uns,
dos is e Bugn, der weit sich spannt
von uns ze eich, vun mir ze dir,
is Wunsch un Gruß vom Haamitland.

Erich Lorenz

„Glück auf" im Erzgebirge Silberwäsche Antonsthal seit 1828

Erzgebirgischer Lichterglanz

Das Erzgebirge ist weithin bekannt
als lichterglanzfunkelndes Weihnachtsland.
Was schickt da nicht alles mild leuchtenden Schein
in die dunkelste Zeit des Jahres hinein!

Viel mehr noch als Christbaum und Tannengrünkranz
verbreitet doch hier seinen schimmernden Glanz:
Die Schwibbögen strahlen zum Fenster heraus,
ihr Lichtschein verschönt selbst das einfachste Haus.

Pyramiden, sie dreh'n sich in ruhigem Lauf
in Dörfern und Städten landab und landauf;
ob groß, wie auf Märkten und Plätzen zu seh'n,
ob klein, wie in fast jedem Hause sie steh'n.

Und Engel und Bergmann, ihr Licht in der Hand –
was wär' ohne sie unser Weihnachtsland!
Wohl Himmel und Erde dies' Pärchen verbind't,
in unzähl'gen Stuben die beiden man find't.

Der Erzgebirgsweihnacht Lichterglanzpracht
hat uns doch letztlich der Bergmann gebracht!
Im düsteren Schachte, bei müh'voller Schicht –
wie sehnte der Bergmann sich da nach dem Licht!

Im Winter, zur Heimkehr in finsterster Nacht,
hat Licht aus den Fenstern ihm Freude gebracht.
Das Licht verhieß Wärme, es machte ihm Mut,
das Licht war die Botschaft: Gott macht alles gut.

Der Erzgebirgsweihnacht so zaub'risches Licht –
dem Bergmann einst schenkte es Zuversicht.
Heut mög' es besiegen auch die Düsterkeit,
die gar so sehr herrscht im Geist uns'rer Zeit!

Martina Schwertassek

Weihnachten

Nu kimmst du wieder, Nacht vull Licht un Schimmer,
un deckst denn Starnemantel übersch Land.
Ich denk zerück: Wie heit, su kamst du immer,
als Friedenssaft warscht eitel du bekannt.

Nu flamme auf die tausend, tausend Lichter,
weit übersch Schneefald blitzt der halle Schei:
und wu mer hiesieht: Fröhliche Gesichter,
der Tanneduft daar lässt kenn Kummer rei.

De Sorg üms liebe Brut, die is verschwunden.
När Fried un Frahd gelänzt aus jeden Blick,
ach, heil'ge Nacht, wenn du dei End gefunden,
loss doch en Segensstrohl in uns zerück!

Loss Lieb un Hoffning zieh in unnre Harzen
un, wan a Kummer drückt, waar wieder fruh.
Wenn aah verglimme deine Weihnachtskarzen –
de Lieb in uns söll brenne immerzu!

Hans Siegert

Stolz dr Weihnacht

Wenn de Kirmes is vorbei,
stimm iech sachte mich noort ei.
De Lichterkett an Baam hängt dra,
domit dr Schnee nu kumme ka.

Nooch'n Tutensunntig, do gieht's lus,
die Frad, die is waar wess wie gruß.
Do steig iech of'n Buden nauf
un weck die ganzen Manneln auf.

De ganze Stub, die stieht nu voll,
mit Schachteln, Kisten, ach wie toll.
Jeds Gahr in dr gleichen Reih,
gabn sich de Manneln e Stelldichei.

De Schwibbög'n an de Fanster na,
doss ihr Licht weit lechten ka,
of'n Schrank de Raachermanneln stieh parat,
ach, dos is e schiener Staat.

Als Letztes kimmt, wenn iech die net hätt,
de gruße handgeschnitzte Peremett.
Seit 50 Gahr'n dreht se ihre Runden,
vun Grußvoter gebaut in vielen Stunden.

Dos Weihnachtszeig is mei greßter Schatz,
im Herzen un in dr Stub hot's enn festen Platz.
Iech hall's in Ehr'n, wos aah geschieht,
weil sist daar Lichterglanz verlorn gieht.

Und wenn's dann strahlt in de Finsternis nei,
ka iech stolz of mei Erbe sei.

Robby Schubert

Der Schwibbogen

Alljährlich zur Adventszeit erstrahlen Tausende von Schwibbögen in den erzgebirgischen Stuben und Fenstern. Erstaunlich daran ist, dass bis vor 80 Jahren der mit Bildmotiven versehene Schwibbogen fast nur in seiner Heimatstadt Johanngeorgenstadt bekannt war. Bemerkenswert ist auch, dass die ersten dieser heute meist aus Holz gefertigten Lichterbogen von Johanngeorgenstädter Bergschmieden aus Schmiedeeisen hergestellt wurden. Allerdings gibt es eine noch ältere Tradition in den Kirchen, zur Christmette einen Schwibbogen – Lichterbogen zu entzünden (z. B. in Scheibenberg). Bergmännische Weihnachtsbräuche, die Sehnsucht des Bergmannes nach Licht und die Tradition des Schenkens zu Weihnachten führten zur Entstehung des Schwibbogens.

Der Bergmann besaß eine ganz besondere Beziehung zum Licht, denn ohne Licht war er in der Finsternis des Berges verloren. Im Winter sah er oft tagelang kein Sonnenlicht; zu Schichtbeginn war es noch tiefe Nacht und nach Schichtende meist schon Abend. Gerade deshalb wurde zu Weihnachten mit dem oft teuren Licht nicht gespart – ja man stellte sogar Kerzen in die Fenster.

Ursprünglich feierte man in Johanngeorgenstadt die Christmetten am 1. Weihnachtsfeiertag früh um vier Uhr in der Kirche. Weil sich die Bergleute jedoch häufig schon vorher mit „Brandwein“ aufgewärmt hatten und mit stark rußenden Grubenlampen zum Gottesdienst erschienen, bemängelten die Geistlichen sehr oft die fehlende Andacht der Gemeinde. 1712 versuchte der Johanngeorgenstädter Pfarrer und Chronist Johann Christian Engelschall, die Metten ganz abzuschaffen. Damit sollte auch das abergläubische „Bornkinnel-Aufstellen“ verhindert werden. Die Bergknappschaft wehrte sich einige Jahre lang erfolgreich gegen dieses Ansinnen, und das Bergamt erließ – mehr oder weniger erfolglos – scharfe Mandate gegen den Missbrauch und Aberglauben.

Um weiterhin in althergebrachter Art und Weise feiern zu können, verlegten die Bergleute ihre Feier in die Huthäuser. So fanden nunmehr am 24. Dezember die „Bergmetten“ in den Zechenstuben statt, während am 1. Feiertag früh um sechs Uhr in der Kirche die Christmette gefeiert wurde. Seitdem zählte der „Zechen-Heiligabend“, neben Silvester und dem Fastnachtsdienstag, zu den bergmännischen Feiertagen, die

arbeitsfrei und doch bezahlt waren. Noch 1934 wurde dies in der Betriebsordnung der Grube „Vereinigt Feld im Fastenberg“ so festgelegt.

Die Bergmetten feierten die Bergleute in ganz besonderer Weise: die Zechenstube wurde geschmückt, es wurde gemeinsam gebetet, gesungen und erzählt. Natürlich war auch für das leibliche Wohl gesorgt und eine Flasche machte die Runde. Der Schichtmeister der Grube hatte Tabak oder Zigarren mitzubringen. Zu dieser Feier lud man auch die „Bergverwandtschaft“ ein – so die Fuhrleute, die das Erz zur Pochwäsche und dann zur Hütte fuhren, und nicht zuletzt die

Bergschmiede, denn ohne gutes Gezähe (bergmännisch für Werkzeug) konnte der Bergmann vor Ort wenig ausrichten.

Zum Zechenheiligabend des Jahres 1740 brachte der Bergschmied Teller einen bogenförmigen Tischleuchter mit, den er der Grube und dem Grubenvorstand verehrte – einen Schwibbogen. Der Name ist vom Schwebebogen der Architektur abgeleitet. Dort bezeichnet man damit einen Stützbogen zwischen zwei Mauern.

In den ältesten Bogen wird neben bergbaulichen Motiven die biblische Geschichte von Adam und Eva dargestellt. Die eine Seite zeigt den Sündenfall, die andere die Vertreibung aus dem Paradies. In heutiger Zeit bringt man das Weihnachtsfest kaum noch mit der Geschichte von Adam und Eva in Verbindung, jedoch ist der 24. Dezember nach dem altkirchlichen Kalender der Tag von Adam und Eva. Die früher zu Weihnachten aufgestellten Paradiesgärten, die an diese biblische Geschichte erinnern, sind die Vorläufer der Weihnachtsberge.

Warum der Bergschmied die Bogenform wählte, ist nicht bekannt. Im Bogenrund der ältesten

Schwibbogen sind Sonne, Mond und Sterne dargestellt. Deshalb spricht manches dafür, dass der Schwibbogen den Himmelsbogen symbolisieren soll.

Im Jahre 1716 ist in der Scheibenberger Kirche ein Schwibbogen zur Weihnachtsmette nachweisbar. Auch in Johanngeorgenstadt gibt es solch einen Bogen (auch schon vor dem Stadtbrand 1867).

Vermutlich wurde der Bogen am 25. Dezember früh (Geburt Jesus Christus) entzündet und

symbolisiert das wiedergeöffnete Himmelstor. In dem Weihnachtslied (EG 27) heißt es dazu:

1. Lobt Gott, ihr Christen alle gleich, in seinen höchsten Thron, der heut schließt auf sein Himmelreich und schenkt uns seinen Sohn.
6. Heut schließt er wieder auf die Tür zum schönen Paradeis; der Cherub steht nicht mehr dafür. Gott sei Lob, Ehr und Preis.

Der Verfasser dieses Liedes ist Nikolaus Herman, der Kantor des zu dieser Zeit noch evangelischen Sankt Joachimstal (1559).

Der Schwibbogen von 1740 ist somit ein Leuchter der Heiligen Nacht, der von der Finsternis des 24. Dezember ins Licht der Christmette hineinleuchtet.

Insgesamt sind heute noch drei dieser ältesten Schwibbogen aus dem Jahre 1740 erhalten geblieben. Weitere historische eiserne Schwibbogen gibt es aus den Jahren 1796, um 1810, 1821 und 1830 von den Johanngeorgenstädter Bergschmieden Teller und Meißner.

Bis zu Beginn des vergangenen Jahrhunderts hatte der Schwibbogen die weihnachtlichen

Zechenstuben noch nicht verlassen. Erst ab 1908 bzw. 1921 stellten die Berg-, Huf- und Waffenschmiedemeister Fedor und Curt Teller eine größere Anzahl Schwibbogen her, die nun auch die Wohnstuben eroberten.

Die heutige Bekanntheit verdankt der Schwibbogen der „Feierohmd-Austellung" in Schwarzenberg im Jahre 1937, die von dem Industriellen Friedrich Emil Krauß initiiert worden war. Als Werbesymbol suchte man etwas Typisches aus dem Westerzgebirge und kam auf den Bogenleuchter der Johanngeorgenstädter Bergleute. Nach einem neuen Entwurf von Paula Jordan fertigten die Schmiedemeister Max Adler und Curt Teller einen Großschwibbogen (7 × 4 m) für die Schwarzenberger Ausstellung. Dieser wurde blattvergoldet und mit Gasfackeln versehen. In seiner Heimatstadt Johanngeorgenstadt konnte er nur 1938 noch einmal aufgestellt werden – dann kam der Krieg. Erst 1959 wurde er wieder vorgerichtet und steht seitdem an der höchsten Stelle von Johanngeorgenstadt.

Obwohl dieser Groß-Schwibbogen zunächst nur zweimal aufgestellt werden konnte, gab er

doch der Volkskunst einen großen Impuls, denn von Johanngeorgenstadt aus verbreitete sich der Schwibbogen aus Metall oder nun auch aus Holz schnell über das gesamte Erzgebirge und weit darüber hinaus. Fast jeder Ort im Erzgebirge hat inzwischen seinen „eigenen" Schwibbogen, in dem er seine ortsspezifischen Eigenheiten darstellt. Selbst wenn man heute in Dresden, Leipzig oder Berlin unterwegs ist, sieht man häufig diesen „Gruß aus dem Erzgebirge", doch kaum einer weiß, dass vor 280 Jahren die einsamen Huthäuser des Johanngeorgenstädter Fastenberges die Heimstatt des Schwibbogens waren.

Frank und Harald Teller

Schwibbogen des Erzgebirges

Ihn gibt es in verschiedenen Größen und mit vielerlei Motiven. Der Schwibbogen hat seine besondere Geschichte. Er steht, wie viele Symbole der Weihnacht, in Fenstern und Kirchen, auf Straßen und Plätzen. Seine Kerzen, elektrisch oder wächsern, leuchten hinaus in die Winternacht.

Schwibbogen – Schwebebogen! In einigen Städten „schwebt" er geradezu über die Straße hinweg. So in Schwarzenberg/Erzgebirge auf der unteren Schlossstraße zu sehen. Weiter erinnert er an das Mundloch des Bergwerkes, des Schachtes, des Stollens. Damit komme ich noch einmal auf die „Grube Tannenberg" zu sprechen. Der Eingang in den Berg ist in der Advents- und Weihnachtszeit als Schwibbogen gestaltet, so wird die Dunkelheit des Schachtes mit dem Licht des Himmels verbunden. Ein Bogen, der sich wie eine Brücke von Gott zum Menschen wölbt. Ein verbindender Charakter wird sichtbar. Verbindung zwischen Gott und Mensch sowie Verbindung der Menschen untereinander. Der Stirnreif dagegen lässt an eine Krone denken. Er krönt das Ganze, das zur Weihnacht geschieht.

Was gibt es Höheres und Erhabeneres als die Menschwerdung Gottes? Und weil das so ist, gehört die Weihnachtsgeschichte als das Motiv Nummer Eins in den Schwibbogen hinein. Sie ist Brücke und Krönung! Lukas 2 und Matthäus 2 begegnen uns in orientalischer und europäischer Art. Dann erst folgen weitere Motive wie Kurrendaner in ihren schwarzen Mänteln mit weißen Kragen; Figuren und Tiere unserer Gebirgsheimat oder die Weihnachtsstube. Verbreitet ist der Erzgebirgsbogen mit der bekannten Klöppel- und Schnitzerstube.

Um diesen Bogen stritten sich einst die Geister. Es gab eine Zeit in unserem Land (DDR), da sollte der Christstollen nicht mehr „Christstollen" heißen, sondern „festliches Jahresendgebäck" – der Engel sollte nicht mehr „Engel"

genannt werden, sondern „Geflügelte Lichterpuppe“ oder ähnlich. In dieser Zeit störte bestimmte Leute der kleine Engel in dem bekannten Bogen. Oben rechts schwebte er über der Stube. Kaum zu sehen, aber groß genug, um den Augen einiger wehzutun!

Karl-Heinz Schmidt

Bildnachweis
Cover: © picture alliance/dpa/dpa-Zentralbild | Nico Schimmelpfennig; S. 3: © stock.adobe.com/Trueffelpix; S. 5: der erzgebirgische Schwibbogen entworfen von Paula Jordan 1937 © Harald Teller; S. 7, 13: © Uwe Meinhold; S. 9: © mauritius images/Cyril Gosselin; S. 11: © Silvia und Michael Rümmler, ruemmlerfotografie; S. 12, 27: © Anni Rändler, Dresden; S. 15: Schwibbogen am Museum „Silberwäsche" für Bergbaugeschichte, Antonsthal, Breitenbrunn im Erzgebirge © mauritius images/Gabriele Hanke/imageBROKER; S. 17: © mauritius images/Pitopia/Fotoman; S. 19: © Silvia und Michael Rümmler, ruemmlerfotografie, Kleinkunst aus dem Erzgebirge® Müller GmbH; S. 21: © stock.adobe.com/Angelika Bentin; S. 22: der älteste Schwibbogen von 1740 vom Bergschmied Teller; S. 23: Schwibbogen aus dem Jahr 1810 vom Bergschmied Teller; S. 25: Mette in der Stadtkirche von Johanngeorgenstadt; S. 26: Schwibbogen aus dem Jahr 1943 von Curt Teller; S. 22, 23, 25, 26: © Harald Teller; S. 24: © stock.adobe.com/tl6781; S. 29: © pixabay.com; S. 31: Wikimedia Commons.

Textnachweis
„Weihnachten in Gebirg" von Friedrich Emil Krauß © by BIT Musikverlag OHG / Edition Phonica
„Erzgebirgischer Schwibbogen" von Wolfram Böhme, aus: Ders., Steiger, Engel, Räuchermann © Thomas Verlag und Druckerei GmbH, Leipzig, 1999
„Vorweihnachtszeit" von Götz Methfessel © Götz Methfessel, Niederwiesa
„Lichterbogen" von Wolfram Böhme, aus: Ders., Kerzenlicht und Tannengrün, Winter- und Weihnachtsgedichte aus dem Erzgebirge © 2016, Altis-Verlag, Friedrichsthal
„Lichterbugn" von Wolfram Böhme, aus: Ders., Weihnachten derham im Arzgebirg. Erinnerungen, Geschichten und Verse © 2009 Altis-Verlag, Friedrichsthal
„Mei Schwibbugn" von Karl Hans Pollmer aus: Ders.: Erzgebirgische Kalendergeschichten. Ein Gang durch das Kirchenjahr. © 1972, ²1975 Evangelische Verlagsanstalt, Berlin
„Der Schiwbbugn" von Erich Lorenz © Prof. Dr. Wolfgang Lorenz, Annaberg-Buchholz
„Erzgebirgischer Lichterglanz" von Martina Schwertassek © Martina Schwertassek, Schneeberg
„Stolz dr Weihnacht" von Robby Schubert © Robby Schubert, Gelenau
„Der Schwibbogen" von Frank und Harald Teller © Harald Teller
„Schwibbogen des Erzgebirges" von Karl-Heinz Schmidt, aus: Ders., Unner ganze Haamit is e Weihnachtslied. © 2001, Evangelische Verlagsanstalt Leipzig

Bibliografische Information der Deutschen Nationalbibliothek
Die Deutsche Nationalbibliothek verzeichnet diese Publikation in der Deutschen Nationalbibliografie; detaillierte bibliografische Daten sind im Internet unter http://dnb.d-nb.de abrufbar.

Besuchen Sie uns im Internet:
www.st-benno.de

ISBN 978-3-7462-6438-7

Zusammenstellung: Volker Bauch, Gößnitz
Umschlaggestaltung: Rungwerth Design, Düsseldorf
Layout & Gesamtherstellung: Ufer Verlagsherstellung, Leipzig (A)